MEDIDAS

Ivan Bulloch

Consultores
Wendy y David Clemson
Traducido por Susana Pasternac

PRINCETON ■ LONDON

2 ¿Cuánto mide?

Todos los días preguntamos "¿cuánto mide?", "¿cuánto pesa?," "¿de qué tamaño es?", o "¿qué hora es?" Todas estas preguntas tienen algo que ver con medidas. En este libro veremos muchas formas diferentes de medir.

Para describir las cosas que nos rodean usamos las palabras grande y pequeño, alto y bajo o pesado y liviano.

Mira los grupos de objetos de esta página. ¿Cuál es el más grande de cada grupo? ¿Cuál es el más pequeño? ¿Cuál es el mediano?

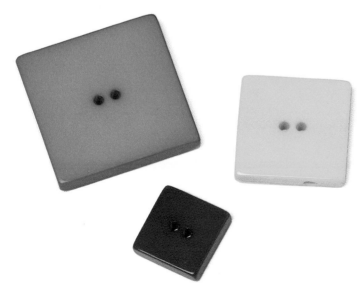

He aquí lo que aprenderás
Medir es una de las destrezas más importantes que debemos aprender en matemáticas. Las actividades de este libro te ayudarán a
● explorar la altura, el largo, el peso, la superficie y el volumen
● usar medidas.

4 ¿De qué tamaño eres?

Haz una regla para medir tu altura.
● Alinea varias hojas de papel de color para construir una larga franja que sea más grande que tú.
● Usa un bloque de madera como guía en un lado del papel para obtener una distancia igual entre las líneas.

Tiras de color

● Usa nuevamente el bloque de madera como medida y con una regla traza líneas en el papel de color para hacer tiras de papel largas y angostas. Todas ellas deben tener el mismo ancho en tu regla.
● Corta las tiras de papel con cuidado.
● Pon una tira de papel al pie de tu regla. Deja un espacio y pon otra encima, usando las líneas para guiarte. Continua poniendo las tiras hasta que llegues a la parte superior de tu papel.

He aquí lo que aprendiste
Hacer una regla te ayuda a
● crear tus propios instrumentos para medir.

● Aplica la regla en la
pared comenzando
desde el suelo.
Párate al lado y
pide a alguien
que haga una
marca por
encima de tu
cabeza. Cuenta
el número de
tiras de papel
desde el suelo
hasta la marca.
Ahora, mide a
tus amigos.
¿Quién es el más alto?
¿Quién es el
más bajo?

6 Teatro de títeres

¿De qué tamaño es tu mano?

Haz un patrón
● Extiende tu mano sobre un pedazo de fieltro. Dibuja un mitón un poco más ancho que tu mano.

● Corta el patrón de tu mitón, luego ponlo sobre un pedazo de fieltro de otro color, traza su forma y córtala. La parte de adelante y la de atrás deberán ser de colores diferentes.

● Pon los dos pedazos de fieltro uno encima del otro y pide a un adulto que cosa alrededor del borde con hilos de colores vivos.

● Ahora puedes decorar tu títere. ¿Adivinas qué será? Da vuelta a la página y lo sabrás.

He aquí lo que aprendiste
● investigar la idea de superficie
● comparar tamaños
● hacer juegos de formas.

¡Estos son los títeres terminados! Con sólo agregar algunos detalles puedes transformarlos en personajes. Puedes comprar cuentas en forma de ojos para pegarlas o hacerlas tú mismo con retazos de fieltro. Las orejas, la nariz, la boca y la trompa también se pueden hacer pegando pedacitos de fieltro.

¡Inventa tu propio títere!

Rana

Con fieltro verde haz una rana y agrégale una boca grande y roja.

Monstruo

Cubre tu mitón con lunares para hacer un monstruo divertido.

Elefante

Para las orejas
y la trompa de
un elefante usa
fieltro gris. Y por
último, agrégale un
par de colmillos.

Cara de figuras

Haz una cara de ojos cuadrados,
una nariz en forma de triángulo
y un rectángulo para la boca.
¡Este títere se parece a un robot!

Ésta es una forma fácil de hacer
títeres para tu dedo.

Pajarito de papel
● Corta un círculo pequeño. Haz un
corte desde el borde hasta el centro.
● Desliza los bordes por el corte para
hacer un cono y pégalos.
● Pega el cono al tubo de papel.
● Cubre el tubo de papel y el cono
con varias capas de engrudo
y pedacitos de papel.
Para hacer el engrudo,
mezcla harina y agua
hasta que quede
espeso y
cremoso.

Haz un tubo
● Corta una tira larga
de papel o cartulina y
enróllala en tu dedo.
● Pega el final y retira
con cuidado el tubo.

● Pinta tu títere cuando se haya secado. ¡Haz uno para cada dedo!

Títere mexicano

● Enrolla nuevamente un tubo en tu dedo.

● Para hacer el sombrero, corta un pequeño círculo. Pide a un adulto que haga unos cortes en el centro del círculo como en la foto. Empuja el círculo sobre el tubo para hacer las alas del sombrero.

● Cubre el tubo y las alas con papel y engrudo. Ya está listo para pintar.

He aquí lo que aprendiste

Hacer títeres para los dedos te ayuda a
● seguir instrucciones
● comparar largos y superficies.

12 Máscaras de papel

Para hacer esta máscara hemos usado un plato de cartón. Tendrás que saber dónde hay que hacer los agujeros para los ojos, la nariz y la boca. He aquí una manera muy simple de tomar las medidas.

Mídelo

● Para medir la distancia entre los ojos, estira una hebra de lana desde el centro de un ojo al centro del otro. Corta a la medida, coloca la hebra en el centro de tu máscara y haz una marca dónde caen las dos puntas.

● Luego, mide el largo de tu nariz. Extiende la hebra desde el entrecejo a la base de tu nariz. Haz una marca en la máscara.

● Por último, estira una hebra de lana desde la base de tu nariz hasta la mitad de la boca y marca en la máscara.

● Haz un pequeño agujero en cada lado de la máscara, más o menos a la mitad. Pasa un cordón y haz un nudo para que no se salga. ¡Ahora ya puedes decorar tu máscara!

Hacer máscaras

● Pide a un adulto que te ayude a cortar agujeros allí donde marcaste los ojos y la boca.

● Puedes cortar un agujero para la nariz o hacerla en forma de pestaña dejando un lado pegado a la máscara.

Ahora que sabes hacer una máscara de base, puedes decorarla de muchas maneras.

Tigre
● Primero, pinta unas rayas para hacer la cara de un tigre.

● Luego recorta unas orejas de papel. Píntalas y pégalas en el tope de la máscara.

Pájaro

Para las plumas de tu pájaro, recorta formas de papel de color.

Primero pega las plumas más largas y luego agrega las más pequeñas. El pico se hace doblando un pedazo de cartulina y pegándolo en su lugar.

He aquí lo que aprendiste
Hacer máscaras te ayuda a ● usar medidas.

16 Trajes de papel

He aquí la forma de hacer un muñeco de cartulina y su guardarropa de papel. Primero, dibuja el contorno de una persona sobre una cartulina o copia el muñeco de esta página. Pide a un adulto que te ayude a recortar algunos trajes para tu muñeco.

Camiseta

● Pon el muñeco sobre un papel de color y traza el contorno superior de su cuerpo.
● Retira el muñeco y dibuja unas lengüetas a nivel de los hombros de la camiseta.

● Pide a un adulto que te ayude a recortar la camiseta y las lengüetas. Aplícala sobre el muñeco y dobla las lengüetas sobre sus hombros para que no se salga.

Gorro de béisbol

● Dibuja la forma de un gorro un poco más grande que la cabeza del muñeco.

● Pide a un adulto que haga una ranura en el gorro como ves más abajo. Inserta la cabeza del muñeco en la ranura.

He aquí lo que aprendiste
● hacer juegos de formas y medidas
● investigar la idea de superficie.

Pantalones

● Pon el muñeco sobre un papel de color diferente y traza el contorno de las piernas.

● Retira el muñeco y dibuja un par de pantalones un poco más ancho que sus piernas. Agrega unas lengüetas en los dos lados de la cintura.

18 Orquesta de botellas

Aunque no lo creas, puedes hacer tu propia orquesta con algunas botellas vacías, agua, una cucharita de metal y un vaso para medir.

● Haz una marca un poco más arriba del fondo de tu vaso.
● Pon agua en tu vaso hasta la marca. Aquí hemos agregado un poco de colorante de alimentos para darle más colorido a nuestra orquesta de botellas.
● Con un embudo, vierte el agua del vaso dentro de la primera botella.

● Vierte dos medidas del vaso en la segunda botella.

● Ahora, vierte tres medidas en la tercera botella, cuatro en la cuarta y por último cinco en la quinta.
● Toca la orquesta golpeando suavemente con la cucharita en los costados de las botellas.

La botella que tiene más líquido suena con tono grave. Pero, la botella con menos líquido suena con tono agudo.

Este colorido móvil luce muy bien cuando lo cuelgas, pero ¡lo divertido es hacer que quede en equilibrio!

Cartulina recortada

● Recorta algunas figuras de cartulina. Puedes copiar las de esta página o crear las tuyas.

● Decora las figuras de los dos lados.

● Pide a un adulto que haga un agujero en la parte de arriba de cada figura y que pase un cordón por él. Para que sea más fácil, usa una aguja de ojo grande.

● También puedes decorar pelotas de poliestireno y colgarlas en tu móvil. Son livianas y puedes hacer agujeros con una aguja de tejer.

Cuélgalo bien alto
● Ata la otra punta del cordón a un palo de madera largo.

Ata los objetos al palo en lugares diferentes. Una vez que hayas hecho esto, muévelos a lo largo del palo hasta que el móvil se mantenga en equilibrio. También puedes ajustar el largo de los cordones.

He aquí lo que aprendiste
Hacer móviles te ayuda a
● aprender sobre peso y equilibrio.

22 Galletas al horno

Cuando horneas es muy importante medir con exactitud la cantidad de cada ingrediente. De lo contrario las cosas no saldrán como esperas. Pide a un adulto que te muestre como se usa una balanza.

Necesitarás:
175gm de harina
50 gm de azúcar
100 gm de mantequilla
2 gotas de esencia de vainilla

● Pide a un adulto que caliente el horno a 170°C (325°F).

Mezcla la masa

● Pon la harina y el azúcar en un tazón.

● Corta la mantequilla en pedazos y agrégala al tazón. Con la punta de tus dedos deshace la mantequilla mezclándola con la harina.

● Cuando la masa parezca miguitas de pan agrega la esencia de vainilla. Con tus manos junta todo y haz una pelota de masa.

Estira la masa

● Trabaja la masa en una superficie espolvoreada de harina.

● Cuando obtengas una pelota de masa suave y firme, estírala con un palo de amasar hasta que quede del grosor de una moneda.

● Corta las galletas con un molde.

● Pon las galletas sobre un plato de hornear enmantecado y hornea durante 20 minutos.

● Pide a un adulto que saque las galletas del horno y las ponga a enfriar.

He aquí lo que aprendiste

● seguir instrucciones
● usar cantidades estándar

24 Cajas para galletas

Cuando termines de hacer las galletas, quizás quieras ofrecerlas de regalo. He aquí dos maneras de hacer las cajas para empaquetarlas.

Pila de galletas

● Pon una galleta sobre un pedazo de cartón. Con una regla dibuja un cuadrado un poco más grande que la galleta. Recorta dos cuadrados iguales. Son el fondo y la tapa de la caja.

● Decide cuántas galletas quieres regalar y haz una pila. Pon un pedazo de cartón en el costado para medir la altura. Haz una marca sobre el cartón.

● Con la ayuda de una regla, dibuja en él un rectángulo un poco más alto que la pila de galletas y del mismo ancho del cuadrado que recortaste. Recorta cuatro rectángulos iguales. Serán los lados de la caja.

● Pega el cartón de la base y los de los lados. Pon las galletas y por último, pega el cuadrado de la tapa.

Una al lado de la otra

● Pon seis galletas sobre un pedazo de cartón y traza un rectángulo alrededor. Recorta dos rectángulos del mismo tamaño.

● Corta cuatro tiras finas de cartón del largo de cada lado de tu rectángulo.

● Pega las tiras al rectángulo de base para hacer los lados de la caja.

● Pega el otro rectángulo a uno de los lados para hacer la tapa.

He aquí lo que aprendiste

Hacer cajas te ayuda a
● investigar las ideas de superficie y volumen.

26 Envoltura de cajas

Para envolver tu caja decora con pintura un papel liso.

Papel y pintura
● Primero, elige un pedazo de papel para cubrir la caja.
● Salpica con pintura usando un pincel o pinta con una esponja impregnada de pintura.

¡Envuélvela!
● Cuando se haya secado la pintura, extiende el papel con la pintura hacia abajo y pon la caja en el medio. Dobla el papel alrededor de la caja.

● Envuelve la caja con el papel de manera que sobresalgan unos bordes y fíjalos con cinta adhesiva.

● Dobla uno de los bordes sobresalientes de papel, luego uno por uno los otros tres. Por último, pega la ultima aleta para fijar el papel.

● Dobla el papel de la misma manera para cerrar la otra punta. Puedes decorar la caja con una cinta de color.

He aquí lo que aprendiste
Envolver paquetes te ayuda a
● calcular superficies.

28 Reloj de arena

He aquí una manera de medir cuánto tiempo te lleva hacer algo.

Cono de papel
● Dibuja un gran círculo sobre un pedazo de papel fuerte. Usa un plato para trazar el contorno.

● Recorta el círculo. Luego pide a un adulto que te ayude a hacer un corte desde el borde hasta el centro.

He aquí lo que aprendiste
● comprender cómo se mide el tiempo

● Haz pasar un lado del corte sobre el otro como ves abajo. Pégalo para fijarlo.

● Corta un pequeño agujero en la punta del cono.

Fila de triángulos

Corta triángulos iguales de papel y pégalos en fila sobre una botella vacía.

Hilo de arena

● Pon el cono en el cuello de la botella y llénalo con arena. Mira cómo cae la arena por el cono y llena la botella. La arena llega gradualmente a cada una de las marcas.

● Pide a un amigo que dé la vuelta al cuarto saltando mientras miras el reloj de arena. ¿Cuántas marcas pasa la arena? Ahora te toca a ti. ¿Eres más rápido o más lento?

30 Tangrams

Un tangram es un cuadrado formado por pedazos. Los pedazos pueden ir juntos para formar diseños o dibujos diferentes. Mira estos dibujos. ¿Encuentras en todos un pequeño cuadrado y cinco triángulos? La figura negra es un paralelogramo. Está en todos los dibujos, ¿lo ves?

Hacer un tangram
● Pide a un adulto que te corte un cuadrado en un cartón.
● Con una regla y un lápiz marca el contorno de las figuras que ves en el dibujo.

● Corta por la línea y pinta cada una de un color diferente.

¿Cuántos pedazos forman el tangram? Mézclalos. ¿Cuántos pedazos puedes contar ahora?

Con los pedazos de tu tangram haz un perro como este. ¿Puedes ver sus orejas? ¿Encuentras su cola? ¿Haz usado todos los pedazos del tangram para hacer la figura del perro?

Ahora trata de hacer una persona
corriendo como ésta o un pájaro
como el de más abajo. Redistribuye
todas los pedazos y haz tu propio
dibujo. Debes usar todos los pedazos
del tangram.

¡Revuélvelo!
Cuando hayas terminado, mezcla de
nuevo los pedazos.
   ¿Puedes reconstruir el cuadrado del
   comienzo?

**He aquí lo que
aprendiste**
Jugar con tangrams te
ayuda a
● investigar la idea de
superficie
● crear dibujos
utilizando figuras.

Índice

Publicado en Estados Unidos y Canadá por
Two-Can Publishing LLC
234 Nassau Street
Princeton, NJ 08542

www.two-canpublishing.com

© 2000, Two-Can Publishing

Para más información sobre libros y multimedia de Two-Can,
llame al teléfono 1-609-921-6700, fax 1-609-921-3349,
o consulte nuestro sitio Web http://www.two-canpublishing.com

Edición en español traducida por Susana Pasternac

Two-Can es una marca registrada de Two-Can Publishing.
Two-Can Publishing es una división de Zenith Entertainment plc,
43-45 Dorset Street, London W1H 4AB

ISBN 1-58728-967-9

10 9 8 7 6 5 4 3 2 1

Impreso en Hong Kong por Wing King Tong

Consultores

Wendy y David Clemson son maestros e
investigadores experimentados. Han
escrito muchos libros exitosos sobre
matemáticas y colaboran regularmente
con eG, el suplemento de educación del
periódico *The Guardian*.
Actualmente Wendy está abocada a la
elaboración de programas de estudios
para escuelas primarias y a la escritura de
gran número de ensayos para niños,
padres y maestros, con especial énfasis
en la pequeña infancia. David es Lector
de Educación Primaria en la Universidad
John Moores, de Liverpool.